AF222216

Impressum
Verlag: BABADADA GmbH, Nedderfeld 112 , 22529 Hamburg
Geschäftsführer / Verlagsleitung: Harald Hof
Druck: Books on Demand GmbH, In de Tarpen 42, 22848 Norderstedt

Imprint
Publisher: BABADADA GmbH, Nedderfeld 112 , 22529 Hamburg, Germany
Managing Director / Publishing direction: Harald Hof
Print: Books on Demand GmbH, In de Tarpen 42, 22848 Norderstedt

la salle de classe
classe

diviser
dividir

186/2

le tableau noir
tauler

la cour de récréation
pati (de l'escola)

l'enseignant
professor

le papier
paper

écrire
escriure

le stylo
estilogràfica

le bureau
escriptori

la règle
regle

le livre
llibre

l'élève
estudiant

le sac d'école

bossa

la trousse

estoig

le crayon

llapis

le taille-crayon

maquineta de fer punta

la gomme

goma

le carnet à dessin

bloc de dibuix

le dessin

dibuix

le pinceau

pinzell

la boîte de peinture

capsa de pintures

les ciseaux

tisores

la colle

cola

le cahier d'exercices

quadern d'exercicis

les tâches

deures

le chiffre

nombre

additionner

afegir

soustraire

sostreure

multiplier

multiplicar

calculer

calcular

la lettre

lletra

l'alphabet

alfabet

le mot

mot

le texte

text

lire

llegir

la craie

guix

la leçon

lliçó

le livre de classe

llibre de classe

l'examen

examen

le certificat

certificat

l'uniforme scolaire

uniforme escolar

la formation

formació

le lexique

enciclopèdia

l'université

universitat

le microscope

microscopi

la carte

mapa

la corbeille à papier

paperera

l'hôtel
hotel

l'auberge
alberg

le bureau de change
oficina de canvi

la valise
maleta

la voiture
automòbil

la langue

llengua

oui / non

sí / no

d'accord

D'acord

Salut

Ey!

l'interprète

traductora

merci

gràcies

Combien coûte...?

Quant costa... ?

Je ne comprends pas

No entenc

le problème

problema

Bonsoir!

Bona nit!

Bonjour!

bon dia!

Bonne nuit!

bona nit!

Au revoir

fins aviat

la direction

direcció

les bagages

bagatge

le sac

bossa

le sac-à-dos

sarrona

l'hôte

convidat

la pièce

cambra

le sac de couchage

sac de dormir

la tente

tenda

l'office de tourisme

oficina de turisme

la plage

platja

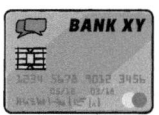

la carte de crédit

carta de crèdit

le petit-déjeuner

esmorzar

le déjeuner

dinar

le dîner

sopar

le billet

bitllet

l'ascenseur

ascensor

le timbre

segell

la frontière

frontera

la douane

duana

l'ambassade

ambaixada

le visa

visat

le passeport

passaport

le voyage - viatge

l'avion
vol

le navire
vaixell

le véhicule de pompiers
automòbil dels bombers

le bus
bus

le camion
camió

e bateau à moteur
lanxa de motor

la bicyclette
bicicleta

la voiture
automòbil

le ferry

transbordador

la barque

barca

la moto

moto

la voiture de police

automòbil de policia

la voiture de course

automòbil de curses

la voiture de location

automòbil de lloguer

l'autopartage

vehicle compartit

la dépanneuse

grua

la benne à ordures

camió de les escombraries

le moteur

motor

l'essence

benzina

la station d'essence

benzineria

le panneau indicateur

senyal de trànsit

le trafic

trànsit

l'embouteillage

embús

le parking

aparcament

la gare

estació de trens

les rails

vies

le train

tren

le tram

tramvia

le wagon

vagó

l'hélicoptère

helicòpter

l'aéroport

aeroport

la tour

torre

le passager

passatger

le container

contenidor

le carton

capsa de cartó

le chariot

carretó

la corbeille

cistella

décoller / atterrir

enlairar-se / aterrar

la ville

ciutat

le village

poble

le centre-ville

centre de la ciutat

la maison

casa

le cinéma
cinema

la publicité
anunci

le réverbère
fanal

la rue
carrer

le taxi
taxista

le kiosque
quiosc

CINEMA

le piéton
pedestre

le trottoir
vorera

le passage piéton
pas de zebra

la poubelle
alleda d'escombraries

le carrefour
encreuament

les feux de circulation
semàfor

la cabane
cabana

l'appartement
apartament

la gare
estació de trens

la mairie
casa de la vila-ciutat

le musée
museu

l'école
escola

l'université

universitat

la banque

banca

l'hôpital

hospital

l'hôtel

hotel

la pharmacie

farmàcia

le bureau

oficina

la librairie

llibreria

le magasin

botiga

le fleuriste

floristeria

le supermarché

supermercat

le marché

mercat

le grand magasin

gran magatzem

la poissonnerie

peixateria

le centre commercial

centre comercial

le port

port

le parc

parc

la banque

banc

le pont

pont

les escaliers

escala

le métro

metro

le tunnel

túnel

l'arrêt de bus

parada d'autobús

le bar

bar

le restaurant

restaurant

la boîte à lettres

bústia de correu

le panneau indicateur

senyal indicador

le parcomètre

parquímetre

le zoo

zoo

le réverbère

piscina

la mosquée

mesquita

la ferme
granja

la pollution
pol·lució

le cimetière
cementiri

l'église
església

l'aire de jeux
parc infantil

le temple
temple

le paysage
paisatge

la feuille
fulla

le panneau indicateur
cartell indicador

le chemin
camí

le pré
prat

la pierre
pedra

l'arbre
arbre

le randonneur
excursionista

la rivière
riu

l'herbe
gespa

la fleur
flor

la vallée
vall

la montagne
muntanya

le lac
llac

la forêt
bosc

le désert
desert

le volcan
volcà

le château
castell

l'arc-en-ciel
arc de Sant Martí

le champignon
bolet

le palmier
palmera

le moustique
moscard

la mouche
mosca

les fourmis
formiga

l'abeille
abella

l'araignée
aranya

le scarabée

escarabat

la grenouille

granota

l'écureuil

esquirol

le hérisson

eriçó

le lapin

llebre

la chouette

òliba

l'oiseau

ocell

le cygne

cigne

le sanglier

senglar

le cerf

cervo

l'élan

ant

le barrage

presa

l'éolienne

turbina

le panneau solaire

panell solar

le climat

clima

le serveur
cambrer

le menu
menú

la chaise
cadira

la soupe
sopa

la pizza
pizza

les services
coberts

la nappe
tovalla

les hors d'œuvre

primer plat

le plat principal

plat principal

le dessert

darreries

les boissons

begudes

l'alimentation

menjar

la bouteille

ampolla

le fast-food

menjar ràpid

les plats à emporter

menjar de carrer

la théière

tetera

le sucrier

sucrer

la portion

porció

la machine à expresso

màquina d'espresso

la chaise haute

trona

la facture

factura

le plateau

plata

le couteau

ganivet

la fourchette

forqueta

la cuillère

cullera

la cuillère à thé

cullereta

la serviette

tovalló

le verre

got

l'assiette

plat

l'assiette à soupe

plat de sopa

la soucoupe

plateret

la sauce

salsa

la salière

saler

le moulin à poivre

molinet de pebre

le vinaigre

vinagre

l'huile

oli

les épices

espècies

le ketchup

quètxup

la moutarde

mostassa

la mayonnaise

maionesa

l'offre promotionnelle
oferta especial

le client
client

les produits laitiers
productes lactis

les fruits
fruites

le caddie
carret de la compra

la boucherie

carnisseria

la boulangerie

forn de pa

peser

pesar

les légumes

verdures

la viande

carn

les aliments surgelés

menjar congelat

la charcuterie

carn freda

les conserves

conserves

la poudre à lessive

detergent en pols

les bonbons

dolços

les articles ménagers

articles domèstics

les détergents

productes de neteja

la vendeuse

venedora

la caisse

caixa registradora

le caissier

caixera

la liste d'achats

llista de la compra

les heures d'ouverture

horari d'obertura

le portefeuille

portamonedes

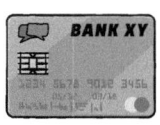

la carte de crédit

carta de crèdit

le sac

bossa

le sac en plastique

bossa de plàstic

l'eau

aigua

le jus de fruit

suc

le lait

llet

le coca

coca-cola

le vin

vi

la bière

cervesa

l'alcool

alcohol

le chocolat chaud

cacau

le thé

te

le café

cafè

l'expresso

espresso

le cappuccino

cappuccino

la banane

banana

la pomme

poma

l'orange

taronja

le melon

síndria

le citron

llimona

la carotte

pastanaga

l'ail

all

le bambou

bambú

l'oignon

ceba

le champignon

bolet

les noisettes

avellanes

les pâtes

fideus

les spaghettis

espaguetis

le riz

arròs

la salade

amanida

les frites

patates fregides

les pommes de terre rôties

patates fregides

la pizza

pizza

le hamburger

hamburguesa

le sandwich

entrepà

l'escalope

escalopa

le jambon

cuixot

le salami

salami

la saucisse

salsitxa

le poulet

pollastre

le rôti

rostit

le poisson

peix

les flocons d'avoine

flocs de civada

le muesli

musli

les cornflakes

cereals

la farine

farina

le croissant

croissant

les petits-pains

panet

le pain

pa

le pain grillé

torrada

les biscuits

bescuits

le beurre

mantega

le fromage blanc

mató

le gâteau

pastís

l'œuf

ou

l'œuf au plat

ou fregit

le fromage

formatge

la glace

gelat

le sucre

sucre

le miel

mel

la confiture

melmelada

la crème nougat

crema de xocolata

le curry

curri

la ferme
granja

la grange
graner

la botte de paille
bala de palla

le champ
camp

le cheval
cavall

la remorque
remolc

le poulain
poltre

le tracteur
tractor

l'âne
ase

l'agneau
xai

le mouton
ovella

la chèvre

cabra

la vache

vaca

le veau

vedella

le porc

porc

le porcelet

garrí

le taureau

bou

l'oie

oca

le canard

ànec

le poussin

poll

la poule

gall

le coq

gallina

le rat

rata

le chat

gat

la souris

ratolí

le bœuf

bou

le chien

gos

le chenil

gossera

le tuyau de jardin

mànega de regar

l'arrosoir

regadora

la faucheuse

dalla

la charrue

arada

la faucille

falç

la pioche

aixada

la fourche

forca

la hache

destral

la brouette

carretó

la cuve

abeurador

le pot à lait

lletera

le sac

sac

la clôture

tanca

l'étable

establa

la serre

hivernacle

le sol

sòl

les semences

llavor

l'engrais

adob

la moissonneuse-batteuse

collidora

récolter

collir

la récolte

collita

l'igname

nyam

le blé

blat

le soja

soja

la pomme de terre

patata

le maïs

blat de moro o d'indi

le colza

colza

l'arbre fruitier

arbre fruiter

le manioc

mandioca

les céréales

cereals

la cheminée
fumera

le toit
teulada

la gouttière
canaló

la fenêtre
finestra

le garage
garatge

la sonnette
campana

la porte
porta

la poubelle
galleda de les escombraries

la boîte aux lettres
bústia de correu

le jardin
jardí

le salon

sala d'estar

la chambre de bain

bany

la cuisine

cuina

la chambre à coucher

cambra de dormir

la chambre d'enfant

cambra de nen

la salle à manger

menjador

le sol

sòl

le mur

paret

le plafond

sostre

la cave

soterrani

le sauna

sauna

le balcon

balcó

la terrasse

terrassa

la piscine

piscina

la tondeuse à gazon

tallagespa

la fourre de duvet

vànova

la couette

cobrellit

le lit

llit

le balai

escombra

le sceau

galleda

l'interrupteur

interruptor

le papier peint
paper de paret

l'image
quadre

la lampe
làmpada

l'étagère
prestatge

l'armoire
armari

la cheminée
escalfapanxes

la télé
televisor

la fleur
flor

le coussin
coixí

le vase
gerro

le canapé
sofà

la télécommande
telecomanda

le tapis
catifa

le rideau
cortina

la table
taula

la chaise
cadira

la chaise à bascule
cadira gronxadora

le fauteuil
cadiral

le livre

llibre

la couverture

llençol

la décoration

decoració

le bois de chauffage

llenya

le film

film

la chaîne hi-fi

cadena de música

la clé

clau

le journal

diari

la peinture

pintura

le poster

cartell

la radio

ràdio

le bloc-notes

bloc de notes

l'aspirateur

aspiradora

le cactus

cactus

la bougie

candela

le frigo
refrigerador

le four à micro-ondes
microones

la balance de cuisine
balança de cuina

le toasteur
torradora

le détergent
detergent per a plats

le four
forn

le compartiment congélateur
congelador

la poubelle
galleda de les escombraries

le lave-vaisselle
rentaplats

le four

cuina de fogons

la casserole

olla

la marmite

olla de ferro colat

le wok/kadai

wok / karahi

la poêle

paella

la bouilloire électrique

bullidor

le cuiseur vapeur

olla de vapor

la plaque de cuisson

plata de forn

la vaisselle

vaixella

le gobelet

tassa grossa

le bol

bol

les baguettes

bastonets xinesos

la louche

culler

la spatule

espàtula

le fouet

batedor

la passoire

colador

le tamis

sedàs

la râpe

ratllador

le mortier

morter

le barbecue

barbacoa

la cheminée

foc a terra

la planche à découper

taula de tallar

le rouleau à pâtisserie

corró

le tire-bouchon

llevataps

la boîte

pot de conserva

l'ouvre-boîte

obridor

les maniques

agafador

le lavabo

aigüera

la brosse

raspall

l'éponge

esponja

le mixeur

batedora

le congélateur

congelador

le biberon

biberó

le robinet

aixeta

la cuisine - cuina

la douche
dutxa

le chauffage
calefacció

la serviette
tovallola

le rideau de douche
cortina de dutxa

le bain moussant
bany de bombolles

la baignoire
banyera

le verre
got

la machine à laver
rentadora

le robinet
aixeta

le carrelage
rajoles

le pot
orinal

le lavabo
aigüera

les toilettes

lavabo

la toilette à la turque

lavabo turc

le bidet

bidet

l'urinoir

orinador

le papier toilette

paper higiènic

la brosse à toilette

escombreta de sanitari

la brosse à dents

raspall de dents

le dentifrice

pasta de dents

le fil dentaire

fil dental

laver

rentar

la douche manuelle

pom de dutxa

la douche intime

dutxa íntima

la vasque

rentamans

la brosse dorsale

raspall per a l'esquena

le savon

sabó

le gel douche

gel de dutxa

le shampooing

xampú

le gant de toilette

manyopla de bany

l'écoulement

bonera

la crème

crema

le déodorant

desodorant

le miroir

mirall

le miroir cosmétique

mirall-espill de mà

le rasoir

maquineta de rasar

la mousse à raser

espuma de barbejar

l'après-rasage

loció post-rasada

la peigne

pinta

la brosse

raspall

le sèche-cheveux

eixugador

la laque pour cheveux

laca

le fond de teint

maquillatge

le rouge à lèvres

pintallavis

le vernis à ongles

esmalt d'ungles

l'ouate

cotó

le coupe-ongles

tallaungles

le parfum

perfum

la trousse de toilette

estoig de bellesa

le tabouret

tamboret

la balance

bàscula

le peignoir

barnús

les gants de nettoyage

guants de goma

le tampon

compresa higiènica

les serviettes hygiéniques

compresa

la toilette chimique

sanitari químic

la chambre d'enfant
cambra de nen

le réveil
despertador

le doudou
animal de peluix

la voiture jouet
auto de joguina

le hochet
sonall

la maison de poupée
casa de nines

le cadeau
present

le ballon

baló

le lit

llit

la poussette

cotxet per a nens

le jeu de cartes

joc de cartes

le puzzle

trencaclosca

la bande dessinée

historieta

les pièces lego

peces de lego

les blocs de construction

peces de construcció

la figurine

ninot d'acció

la grenouillère

granota

le frisbee

frisbee

le mobile

mòbil per a bressol

le jeu de société

joc de taula

le dé

daus

le train miniature

tren elèctric

la sucette

xumet

la fête

festa

le livre d'images

llibre de dibuixos

la balle

pilota

la poupée

nina

jouer

jugar

le bac à sable

sorrera

la balançoire

gronxador

les jouets

joguines

la console de jeu

consola de jocs de vídeo

le tricycle

tricicle

l'ours en peluche

osset de peluix

l'armoire

armari

les vêtements

roba

les chaussettes

mitjons

les bas

mitges

le collant

mitja pantaló

l'écharpe
tapacoll

le parapluie
paraigua

le t-shirt
camiseta

la ceinture
cintura

les bottes
botes

les pantoufles
plantofes

les baskets
sabates d'esport

les sandales

sandàlies

les chaussures

sabates

les bottes de caoutchouc

botes de goma

le linge de corps

calçonets

le soutien-gorge

sostenidor

le maillot de corps

guardapits

le body

jjustacòs

le pantalon

pantalons

le jean

jeans

la jupe

faldeta

le chemisier

brusa

la chemise

camisa

le pull

jersei

le pull-over à capuche

dessuadora

la veste

blazer

la veste

jaqueta

le manteau

mantell

l'imperméable

impermeable

le costume

vestit de dona

la robe

vestit de dona

la robe de mariée

vestit de núvia

le costume

vestit d'home

la chemise de nuit

camisa de dormir

le pyjama

pijama

le sari

sari

le foulard

mocador de cap

le turban

turbant

la burqa

burca

le caftan

caftan

l'abaya

abaia

le maillot de bain

vestit de bany

le costume de bain

calçon(et)s de bany

les cuissettes

pantalons curts

la tenue d'entraînement

xandall

le tablier

davantal

les gants

guants

le bouton

botó

les lunettes

ulleres

le bracelet

braçalet

le collier

collaret

la bague

anell

la boucle d'oreille

orellera

le bonnet

casquet

le cintre

penjador

le chapeau

capell

la cravate

corbata

la fermeture éclair

cremallera

le casque

casc

les bretelles

elàstics

l'uniforme scolaire

uniforme escolar

l'uniforme

uniforme

le bavoir
pitet

la sucette
xumet

la couche
bolquer

le bureau
oficina

le serveur
servidor

l'armoire d'archivage
armari arxivador

l'imprimante
impressora

le papier
paper

l'écran
monitor

le bureau
escriptori

la souris
ratolí

le classeur
arxivador

le clavier
teclat

la corbeille à papier
paperera

la chaise
cadira

l'ordinateur
ordinador

la tasse à café
tassa de cafè

la calculatrice
calculadora

l'internet
Internet

l'ordinateur portable

ordinador portàtil

la lettre

lletra

le message

missatge

le portable

mòbil

le réseau

xarxa

la photocopieuse

fotocopiadora

le logiciel

programari

le téléphone

telèfon

la prise

presa de corrent

le fax

fax

le formulaire

formulari

le document

document

acheter

comprar

payer

pagar

marchander

comerciar

la monnaie

diners

le dollar

dòlar

l'euro

euro

le yen

ien

le rouble

ruble

le franc suisse

franc suís

le renminbi yuan

renminbi

la roupie

rupia

le distributeur automatique

caixa automàtica

le bureau de change

oficina de canvi

l'or

or

l'argent

argent

le pétrole

petroli

l'énergie

energia

le prix

preu

le contrat

contracte

la taxe

impost

l'action

acció

travailler

treballar

l'employé

treballador

l'employeur

empresari

l'usine

fàbrica

le magasin

botiga

l'agent de police
oficial de policia

le pompier
bomber

le cuisinier
cuiner

le médecin
doctora

le pilote
pilot

le jardinier

jardiner

le menuisier

fuster

la couturière

costurera

le juge

jutge

le chimiste

química

l'acteur

actor

le conducteur de bus

conductor d'autobús

le chauffeur de taxi

taxista

le pêcheur

pescador

la femme de ménage

dona de la neteja

le couvreur

ensostrador

le serveur

cambrer

le chasseur

caçador

le peintre

pintor

le boulanger

forner

l'électricien

electricista

l'ouvrier

obrer de la construcció

l'ingénieur

enginyer

le boucher

carnisser

le plombier

llanterner

le facteur

correu

le soldat

soldat

l'architecte

arquitecte

le caissier

caixera

le fleuriste

florista

le coiffeur

perruquer

le contrôleur

revisor

le mécanicien

mecànic

le capitaine

capità

le dentiste

dentista

le scientifique

científic

le rabbin

rabí

l'imam

imam

le moine

monjo

le prêtre

capellà

le marteau
martell

les pinces
tenalles

le tournevis
descaragolador

la torche
llanterna

la clé
clau anglesa

la pelleteuse

excavadora

la boîte à outils

caixa d'eines

l'échelle

escala

la scie

serra

les clous

claus

la perceuse

trepant

réparer

reparar

la pelle

pala

Mince!

Maleït siga!

la pelle

pala

le pot de peinture

pot de pintura

les vis

caragols

les instruments de musique
instrument de música

le haut-parleur
altaveu

la batterie
bateria

la guitare
guitarra

la contrebasse
contrabaix

la trompette
trompeta

le piano

piano

le violon

violí

la basse

baix

les timbales

timbal

le tambour

tambor

le piano électrique

teclat

le saxophone

saxofon

la flûte

flauta

le microphone

micròfon

l'entrée
entrada

le tigre
tigre

la cage
gàbia

le zèbre
zebra

l'alimentation animale
aliment per a animals

le panda
ós panda

les animaux

animals

l'éléphant

elefant

le kangourou

cangurú

le rhinocéros

rinoceront

le gorille

goril·la

l'ours

ós

le chameau

camell

l'autruche

estruç

le lion

lleó

le singe

simi

le flamand rose

flamenc

le perroquet

papagai

l'ours polaire

ós polar

le pingouin

pingüí

le requin

ca mari

le paon

paó

le serpent

serp

le crocodile

cocodril

le gardien de zoo

guardià del zoo

le phoque

foca

le jaguar

jaguar

le poney

poni

le léopard

lleopard

l'hippopotame

hipopòtam

la girafe

girafa

l'aigle

àliga

le sanglier

senglar

le poisson

peix

la tortue

tortuga

le morse

morsa

le renard

guineu

la gazelle

gasela

les sports

esports

l'american Football
futbol americà

le cyclisme
ciclisme

le tennis
tenis

le basket-ball
bàsquet

la natation
natació

la boxe
boxa

le hockey sur glace
hoquei sobre gel

le football

futbol americà

le badminton

bàdminton

l'athlétisme

atletisme

le handball

handbol

le ski

esquí

le polo

polo

rire
riure

sauter
saltar

embrasser
abraçar

marcher
anar

chanter
cantar

rêver
somiar

prier
pregar

faire la bise
fer un petó

écrire
escriure

dessiner
dibuixar

montrer
mostrar

pousser
pitjar

donner
donar

prendre
prendre

avoir
....
tenir

faire
....
fer

être
....
ésser

être debout
....
estar dret

courir
....
córrer

trier
....
estirar

jeter
....
llançar

tomber
....
caure

être couché
....
jeure

attendre
....
esperar

porter
....
portar

être assis
....
asseure's

s'habiller
....
vestir-se

dormir
....
dormir

se réveiller
....
despertar-se

regarder
mirar

pleurer
plorar

caresser
amoixar

peigner
pentinar

parler
parlar

comprendre
comprendre

demander
demanar

écouter
escoltar

boire
beure

manger
menjar

ranger
endreçar

aimer
estimar

cuire
cuinar

conduire
conduir

voler
volar

faire de la voile

navegar

calculer

calcular

lire

llegir

apprendre

aprendre

travailler

treballar

se marier

casar-se

coudre

cosir

se brosser les dents

raspallar-se les dents

tuer

matar

fumer

fumar

envoyer

enviar

grand-mère
via

le grand-père
avi

le père
pare

la mère
mare

le bébé
nadó

la fille
filla

le fils
fill

l'hôte

convidat

la tante

tia

l'oncle

oncle

le frère

germà

la sœur

germana

le front
front

l'œil
ull

l'épaule
espatlla

le visage
cara

le doigt
dit

le menton
barbeta

la main
mà

la poitrine
pit

la jambe
cama

le bras
braç

le bébé

nadó

l'homme

home

la femme

dona

la fille

noia

le garçon

noi

la tête

cap

le dos

esquena

le ventre

panxa

le nombril

melic

l'orteil

dit gros del peu

le talon

taló

l'os

os

la hanche

maluc

le genou

genoll

le coude

colze

le nez

nas

les fesses

cul

la peau

pell

la joue

galta

l'oreille

orella

la lèvre

llavi

la bouche

boca

la dent

dent

la langue

llengua

le cerveau

cervell

le cœur

cor

le muscle

múscul

les poumons

pulmó

le foie

fetge

l'estomac

estómac

les reins

ronyó

le rapport sexuel

relació sexual

le préservatif

preservatiu

l'ovule

ovari

le sperme

semen

la grossesse

prenyat

la menstruation

menstruació

le vagin

vagina

le pénis

penis

le sourcil

cella

les cheveux

cabells

le cou

coll

l'hôpital
hospital

l'hôpital
hospital

l'ambulance
ambulància

le fauteuil roulant
cadira de rodes

la fracture
fractura

le médecin

doctora

le service des urgences

sala d'urgències

l'infirmière

infermera

l'urgence

urgència

inconscient

inconscient

la douleur

dolor

la blessure
ferida

l'hémorragie
sagnament

la crise cardiaque
atac de cor

l'attaque cérébrale
apoplexia

l'allergie
al·lèrgia

la toux
tos

la fièvre
febre

la grippe
gripa

la diarrhée
diarrea

le mal de tête
mal de cap

le cancer
càncer

le diabète
diabetis

le chirurgien
cirurgià

le scalpel
escalpel

l'opération
operació

le CT
....
tomografia computada (TC), TAC

la radiographie
....
raigs x

l'échographie
....
ultrasò

le masque
....
mascareta

la maladie
....
malaltia

la salle d'attente
....
sala d'espera

la béquille
....
crossa

le pansement
....
tireta

le pansement
....
embenat

l'injection
....
injecció

le stéthoscope
....
estetoscopi

le brancard
....
llitera

le thermomètre
....
termòmetre clínic

l'accouchement
....
pariment

le surpoids
....
sobrepès

l'appareil auditif

aparell auditiu

le désinfectant

desinfectant

l'infection

infecció

le virus

virus

le VIH / le sida

VIH / SIDA

le médicament

medicina

la vaccination

vaccí

les tablettes

comprimits

la pilule

píl·lola

l'appel d'urgence

trucada d'urgència

le tensiomètre

tensiòmetre

malade / sain

malalt / sà

Au secours!

Socors!

l'alarme

alarma

l'agression

assalt

l'attaque

atac

le danger

perill

la sortie de secours

sortida-eixida d'urgència

Au feu!

Foc!

l'extincteur

extintor

l'accident

accident

la trousse de premier secours

farmaciola de primers auxilis

SOS

SOS

la police

policia

l'Europe

Europa

l'Amérique du Nord

Amèrica del Nord

l'Amérique du Sud

Amèrica del Sud

l'Afrique

Àfrica

l'Asie

Àsia

l'Australie

Austràlia

l'Océan atlantique

Atlàntic

l'Océan pacifique

Pacífic

l'Océan indien

Oceà Índic

l'Océan antarctique

Oceà Antàrtic

l'Océan arctique

Oceà Àrtic

le Pôle nord

pol nord

le Pôle sud
pol sud

l'Antarctique
Antàrtida

la terre
terra

le pays
país

la mer
mar

l'île
illa

la nation
nació

l'état
estat

le cadran

quadrant

l'aiguille des heures

agulla de les hores

l'aiguille des minutes

agulla dels minuts

l'aiguille des secondes

agulla dels segons

Quelle heure est-il?

Quina hora és?

le jour

dia

le temps

temps

maintenant

ara

la montre digitale

rellotge digital

la minute

minut

l'heure

hora

la semaine

setmana

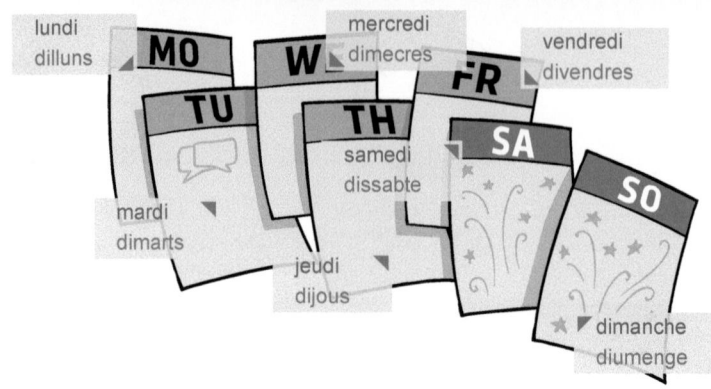

lundi / dilluns
mardi / dimarts
mercredi / dimecres
jeudi / dijous
vendredi / divendres
samedi / dissabte
dimanche / diumenge

hier

ahir

aujourd'hui

avui

demain

demà

le matin

matí

le midi

migdia

le soir

tarda

les jours ouvrables

dia feiner

le week-end

cap de setmana

la pluie
pluja

l'arc-en-ciel
arc de Sant Martí

la neige
neu

le vent
vent

le printemps
primavera

l'automne
tardor

l'été
estiu

l'hiver
hivern

la météo

pronòstic del temps

le thermomètre

termòmetre

la lumière du soleil

llum del sol

le nuage

núvol

le brouillard

boira

l'humidité

humiditat de l'aire

la foudre

llamp

le tonnerre

tro

la tempête

tempesta

la grêle

calamarsa

la mousson

monsó

l'inondation

inundació

la glace

gel

janvier

gener

février

febrer

mars

març

avril

abril

mai

maig

juin

juny

juillet

juliol

août

agost

l'année - any

septembre
....
setembre

octobre
....
octubre

novembre
....
novembre

décembre
....
desembre

les formes

formes

le cercle
....
cercle

le carré
....
quadrat

le rectangle
....
rectangle

le triangle
....
triangle

la sphère
....
esfera

le cube
....
cub

blanc
....
blanc

jaune
....
groc

orange
....
taronja

rose
....
rosa

rouge
....
vermell

violet
....
lila

bleu
....
blau

vert
....
verd

marron
....
marró

gris
....
gris

noir
....
negre

beaucoup / peu

molt / poc

fâché / calme

emprenyat / tranquil

joli / laid

bonic / lleig

le début / la fin

començament / fi

grand / petit

gran / petit

clair / obscure

clar / fosc

le frère / la sœur

germà / germana

propre / sale

net / brut

complet / incomplet

complet / incomplet

le jour / la nuit

dia / nit

mort / vivant

mort / viu

large / étroit

ample / estret

comestible / incomestible

comestible / immenjable

méchant / gentil

dolent / amable

excité / ennuyé

entusiasmat / entediat

gros / mince

gros / prim

le premier / le dernier

primer / darrer

l'ami / l'ennemi

amic / enemic

plein / vide

ple / buit

dur / souple

dur / tou

lourd / léger

pesant / lleuger

faim / soif

gana / set

malade / sain

malalt / sà

illégal / légal

il·legal / legal

intelligent / stupide

intel·ligent / ximple

gauche / droite

esquerra / dreta

proche / loin

prop / llunyà

nouveau / usé

nou / usat

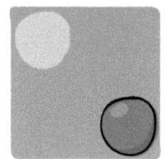

rien / quelque chose

res / quelcom

vieux / jeune

vell / jove

marche / arrêt

encès / apagat

ouvert / fermé

obert / tancat

faible / fort

silenciós / sorollós

riche / pauvre

ric / pobre

correct / incorrect

correcte / incorrecte

rugueux / lisse

aspre / suau

triste / heureux

trist / content

court / long

curt / llarg

lent / rapide

lent / ràpid

mouillé / sec

humit / sec - eixut

chaud / froid

calent / fred

la guerre / la paix

guerra / pau

les oppositions - oposats

0	**1**	**2**
zéro	un	deux
zero	u	dos

3	**4**	**5**
trois	quatre	cinq
tres	quatre	cinc

6	**7**	**8**
six	sept	huit
sis	set	vuit

9	**10**	**11**
neuf	dix	onze
nou	deu	onze

12

douze
dotze

13

treize
tretze

14

quatorze
catorze

15

quinze
quinze

16

seize
setze

17

dix-sept
disset

18

dix-huit
divuit

19

dix-neuf
dinou

20

vingt
vint

100

cent
cent

1.000

mille
mil

1.000.000

le million
milió

l'anglais

anglès

l'anglais américain

anglès americà

le chinois mandarin

xinès mandarí

le hindi

hindi

l'espagnol

espanyol

le français

francès

l'arabe

àrab

le russe

rus

le portugais

portuguès

le bengali

bengalí

l'allemand

alemany

le japonais

japonès

je

jo

tu

tu

il / elle

ell / ella / allò

nous

nosaltres

vous

vosaltres

ils / elles

ells

qui?

qui?

quoi?

què?

comment?

com?

où?

on?

quand?

quan?

le nom

nom

derrière
....
darrere

dans
....
en

devant
....
davant de

au-dessus
....
damunt

sur
....
sobre

en-dessous
....
sota

à côté de
....
al costat

entre
....
entre

le lieu
....
lloc